Copie privée,
droit de prêt en bibliothèque :
vous payez, nous ne touchons
pas un centime

Quand la France organise
la marginalisation des écrivains indépendants

Du même auteur*

Certaines œuvres sont connues sous différents titres.

Romans

La Faute à Souchon : (Le roman du show-biz et de la sagesse)
Quand les familles sans toit sont entrées dans les maisons fermées
Liberté j'ignorais tant de Toi (Libertés d'avant l'an 2000)
Viré, viré, viré, même viré du Rmi !
Ils ne sont pas intervenus (Peut-être un roman autobiographique)

Théâtre

Neuf femmes et la star
Les secrets de maître Pierre, notaire de campagne
Ça magouille aux assurances
Chanteur, écrivain : même cirque
Deux sœurs et un contrôle fiscal
Amour, sud et chansons
Pourquoi est-il venu :
Aventures d'écrivains régionaux
Avant les élections présidentielles
Scènes de campagne, scènes du Quercy
Blaise Pascal serait webmaster
Trois femmes et un Amour
J'avais 25 ans
« Révélations » sur « les apparitions d'Astaffort » Brel Cabrel

Théâtre pour troupes d'enfants

La fille aux 200 doudous
Les filles en profitent
Révélations sur la disparition du père Noël
Le lion l'autruche et le renard,
Mertilou prépare l'été
Nous n'irons plus au restaurant

* extrait du catalogue, voir page 31

Stéphane Ternoise

Copie privée, droit de prêt en bibliothèque : vous payez, nous ne touchons pas un centime

Quand la France organise la marginalisation des écrivains indépendants

Sortie : 5 novembre 2013

Jean-Luc PETIT Editeur - collection essai

Stéphane Ternoise
versant
essayiste :

http://www.essayiste.net

Tout simplement et logiquement !

Site officiel : http://www.ecrivain.pro

Stéphane Ternoise

Copie privée, droit de prêt en bibliothèque : vous payez, nous ne touchons pas un centime

Présentation

La France s'honore d'aider les écrivains aussi par la rémunération pour la copie privée et au titre du prêt en bibliothèque.

Mais les portes du gestionnaire de cette manne financière, de la Société Française des Intérêts des Auteurs de l'écrit (SOFIA), sont fermées aux écrivains indépendants, pourtant professionnels de l'édition, déclarés en profession libérale, auteur-éditeur.

Pourquoi ? Notre chère notion de justice s'arrête là où débutent les intérêts des installés ? Faut-il tout mettre en œuvre pour pérenniser un système où l'écrivain laisse 90% du prix d'un livre aux intermédiaires car « *l'éditeur fait la littérature* » (Aurélie Filippetti, 28 juin 2012) ?

Le SNE (Syndicat National de l'Edition, officiellement ; alors qu'il s'agit plus du Syndicat National des Editeurs Traditionnels) dirige l'édition en France ? Aucun état d'âme chez les parlementaires ?

Naturellement, le grand public ignore TOUT de cette cuisine interne au monde de l'édition. La révolution numérique peut permettre un véritable séisme mais depuis des années les écrivains indépendants subissent une organisation peu propice à leur développement.

L'information peut scandaliser des lectrices et lecteurs ?

Un petit pavé (un livre court mais précis) sur les belles devantures du monde officiel des lettres... Oui, c'est ainsi, dans la justice et l'équité, que se partage l'argent de la culture.

Stéphane Ternoise
http://www.ecrivain.pro
http://www.bibliotheque.pro (portail créé pour présenter aux bibliothèques et médiathèques des livres « hors marchés publics »)

Acheter un ebook est aussi un acte militant, encore plus quand il est vendu à tarif décent par un écrivain indépendant, également romancier (*Peut-être un roman autobiographique, Libertés d'avant l'an 2000, Le roman du show-biz et de la sagesse...*)

La rémunération pour copie privée, officiellement

Les consommateurs comme les fabricants considèrent "souvent" qu'ils payent trop cher pour le droit de copie privée, même sur des supports qu'ils utilisent pour la copie de leurs propres données. Les bénéficiaires s'expriment peu. Qui sont les grands bénéficiaires ? Dans le monde du livre, principalement les éditeurs !

Version officielle d'une grande et belle idée dont ont su profiter les installés pour asseoir leur pouvoir (priver d'argent les indépendants pour les contraindre à abdiquer, abandonner totalement ou rejoindre "le système") :

La rémunération pour copie privée, contrepartie financière de l'exception pour copie privée.

Compenser financièrement le préjudice subi par les titulaires de droits d'auteur et de droits voisins afin de maintenir l'exception de copie privée au bénéfice du consommateur, tel est l'objectif du système de la rémunération pour copie privée.

L'exception pour copie privée, faculté accordée à l'acquéreur légitime d'une œuvre, couvre tout acte de copie d'une œuvre sur un autre support, pour son propre usage. Cette exception est une restriction apportée au droit de reproduction de l'auteur ou du titulaire de droits voisins d'interdire ou d'autoriser une « copie » de son œuvre ainsi que le droit d'en percevoir, en contrepartie, une juste et équitable rémunération.

Le législateur, en 1985, conscient de l'impossibilité

technique de contrôler chaque acte de copie réalisé par le consommateur, a décidé d'instituer un système conciliant la possibilité pour le consommateur de réaliser des copies privées et la rémunération de l'activité créatrice de l'auteur.

La loi du 4 juillet 1985 (gouvernement Laurent Fabius, sous la présidence Mitterrand François ; Ministre de la Culture Jack Lang, depuis le 7 décembre 1984, après avoir hérité des mêmes compétences à la formation du gouvernement le 20 juillet 1984 mais avec un titre de "Ministre délégué") a instauré une commission indépendante, composée de représentants des redevables et des bénéficiaires, qui a pour mission de déterminer les modalités de mise en œuvre de la rémunération pour copie privée.

L'évolution des techniques de copie et des supports d'enregistrement a entraîné une augmentation des pratiques de copie et par là même, une extension du champ de la rémunération.

Le rôle de la commission est d'apprécier au mieux l'évolution des pratiques de copie privée et des supports d'enregistrement afin de déterminer la juste compensation du préjudice subi par les titulaires de droits.

Les montants collectés au titre de la rémunération sont reversés à hauteur de 75% aux bénéficiaires, soit plus de 129 millions d'euros en 2008.
La rémunération pour copie privée contribue également au dynamisme culturel et au développement de l'activité créatrice en France ; 25% des montants perçus au titre de la rémunération sont dédiés à des actions d'intérêt culturel.

[ils osent l'expression « actions d'intérêt culturel » quand il s'agit pour des installés de se partager la galette ; intérêt culturel de qui ?]

En 2008, 43 millions d'euros ont été utilisés à des actions d'aide à la création, à la diffusion du spectacle vivant, à des actions de formation des artistes ainsi qu'au parrainage de manifestations culturelles telles que le festival d'Avignon, les Francofolies de la Rochelle ou encore la quinzaine des réalisateurs de Cannes. http://www.copieprivee.culture.gouv.fr/spip.php?article5& artsuite=0

Pour les livres, 75% des sommes collectées reviennent aux auteurs ? Mais non, elles passent par une société de gestion, administrée à parité par les auteurs et les éditeurs... Quant au "dynamisme culturel", même si en 2012 il pourrait être assuré par les écrivains indépendants, les 25 % ne leur sont pas destinés...

Trois collèges composent la commission pour la rémunération de la copie privée. Un arrêté du 15 décembre 2009 détermine la composition actuelle de la commission.

Les auteurs, les artistes interprètes, les producteurs de phonogrammes et de vidéogrammes et les éditeurs de l'écrit et de l'image, qui sont les bénéficiaires de la rémunération disposent de la moitié des sièges au sein de la commission, soit 12 voix.

Ils se sont regroupés au sein de quatre sociétés de gestion collective selon la nature de l'œuvre copiée :
- la copie privée audiovisuelle est représentée par Copie France (5 représentants),
- la copie privée sonore par SORECOP (5 représentants),
- la copie privée de l'écrit par SOFIA (1 représentant),
- la copie privée des arts visuels par SORIMAGE (1 représentant).

Les fabricants et importateurs de supports, qui acquittent la rémunération, détiennent 6 sièges et sont représentés par le SECIMAVI, le SIMAVELEC, le SNSII, l'Alliance-Tics, la FFT et la FEVAD (1 siège chacun).

Les consommateurs disposent de 6 sièges et sont représentés à raison d'un siège par association, par l'APROGED, l'ASSECO-CFDT, l'UNAF, la FFF, Familles rurales et la CLCV.

La présidence est assurée par un représentant de l'État, M. Raphaël Hadas-Lebel, président de section honoraire au Conseil d'Etat.

http://www.copieprivee.culture.gouv.fr/spip.php?article1

La répartition de la rémunération pour copie privée

La rémunération est perçue puis répartie entre les ayants droit par les sociétés de perception et de répartition des droits (SPRD).

Dans le cadre de la rémunération pour copie privée, les SPRD se sont regroupées en quatre sociétés en fonction du type d'œuvres concernées : Sorecop, Copie France, Sorimage et Sofia. Puis chaque société répartit entre ses sociétaires le montant de la RCP leur correspondant « à raison des reproductions privées dont chaque œuvre fait l'objet ».

Une clé de répartition est établie à l'article L. 311-7 du CPI entre les ayants droit en fonction du type d'objet protégé.

Pour les phonogrammes, la rémunération perçue bénéficie pour moitié aux auteurs, pour un quart aux producteurs et pour un quart aux artistes Interprètes. Pour les vidéogrammes, elle bénéficie pour un tiers aux auteurs, un tiers aux artistes interprètes et un tiers aux producteurs.

Quant aux œuvres de l'écrit et de l'image fixées sur un support
d'enregistrement numérique, la rémunération est répartie à part égale entre les auteurs et les éditeurs.

http://www.copieprivee.culture.gouv.fr/spip.php?article3& artsuite=2 (rubrique Missions)

Donc, direction La SOFIA, pour examiner comment se déroule la rémunération...

15

La SOFIA

« *La Sofia, Société Française des Intérêts des Auteurs de l'écrit, est une société civile de perception et de répartition de droits, administrée à parité par les auteurs et les éditeurs dans le domaine exclusif du Livre.*
Seule société agréée par le ministre chargé de la Culture pour la gestion du droit de prêt en bibliothèque, la Sofia perçoit et répartit le droit de prêt en bibliothèque. Elle perçoit et répartit également, à titre principal, la part du livre de la rémunération pour copie privée numérique. »

Copie privée et gestion du droit de prêt en bibliothèque, même adresse, même combat, donc.

Les auteurs peuvent adhérer à la Sofia :
« *Pour percevoir les droits gérés par Sofia dans les conditions les plus favorables,*
- Pour recevoir régulièrement une information utile sur toutes les évolutions concernant le droit d'auteur et les actions conduites en votre faveur auprès des pouvoirs publics,
- Pour faire entendre votre voix dans la seule société qui réunisse à parité auteurs et éditeurs et qui prenne des initiatives communes au plan politique et juridique pour la défense de vos droits. »

Contre un chèque de 38 euros l'auteur obtiendra une part sociale. Mais il doit avoir publié à compte d'éditeur...
Quant aux éditeurs ils doivent présenter des contrats d'édition pour adhérer. Ce qui semble exclure "en douceur" la catégorie des auteurs-éditeurs indépendants !

La Société Française des Intérêts des Auteurs de l'écrit (SOFIA) fut créée en février 2000 par le SNE (Syndicat national de l'édition... j'insiste : Syndicat national des éditeurs classiques semblerait plus précis) et la SGDL (Société des gens de lettres de France... gens de lettres passés par un contrat à compte d'éditeur).

Les rapprochements éclairent parfois, comme des lapsus officiels. SOFIA.

Sofia, capitale de la Bulgarie, Sofia, l'une des grandes villes de l'Histoire de la dictature communiste. Il fallait être du parti ou ne pas exister. Qui a décidé d'un tel acronyme ? Des nostalgiques d'un système où il était facile d'exclure tout déviant qui refusait le moule réaliste-socialiste ? Ils se sont imposés en douceur les apparatchiks dans nos démocraties, où l'on fait carrière dans le grand parti des installés qui se tiennent par la barbichette médiatique et les généreuses subventions. Nos apparatchiks sont les membres d'un système culturo-politico-administratif, ils profitent de leur rang, leur situation, pour asseoir leur légitimité, leur ascendant, s'enrichir. Et ce fut une grande réussite, "personne" ne s'imagine en effet que certains écrivains sont privés de ce financement. S'ils en sont privés, c'est qu'ils ne sont pas de vrais écrivains. Les écrivains doivent se soumettre à l'organisation oligarchique et capitaliste de l'édition française ! Et seuls les médiocres ou aigris contesteront ce choix « pragmatique. » C'est ainsi ! Point !

Interrogée (je m'étais d'abord intéressé aux droits de prêts), naturellement la Sofia confirme.

Le 3 juillet 2012 :

Bonjour,
Je vous confirme que les livres autoédités n'entrent dans le cadre du droit de prêt.
Ils ne sont pas déclarés par les bibliothèques et donc pas rémunérés.
Le contrat d'édition est indispensable.
Je vous précise qu'à ce jour seuls les livres en version papier sont pris en compte.
Cordialement,

Réponse au message du 20 juin 2012 :

Bonjour,

Auteur-éditeur professionnel (numéro Siret, charges Urssaf, Rsi, BNC...), je ne touche actuellement aucun "droit de prêt."

Merci de m'indiquer de quelle manière je peux y prétendre (14 livres en papier et une soixantaine en numérique)

Naturellement, Auteur-éditeur, je ne signe pas de contrats d'édition.

Une phrase m'inquiète
"*Tous les éditeurs cessionnaires de droits d'exploitation d'œuvres peuvent adhérer à Sofia sur justification de l'existence de contrats d'édition.*
http://www.la-sofia.org/sofia/editeurs-de-livres.jsp "
Elle semblerait signifier que les indépendants sont exclus de la gestion du droit de prêt.

Est-ce le cas ?

Amitiés

Stéphane Ternoise - www.ecrivain.pro

Le droit de prêt

L'existence de ce droit de prêt en France est une conséquence de la directive européenne n°92/100 du Conseil du 19 novembre 1992, relative au droit de location et de prêt. Elle reconnaît, dans son article 1er, le droit d'autoriser ou d'interdire le prêt d'originaux ou de copies.

La loi du 18 juin 2003 l'a organisé en France en créant un droit à rémunération pour l'auteur au titre du prêt de ses livres dans les bibliothèques. Cette licence légale garantissait aux bibliothèques le « droit de prêter ». Les livres des écrivains indépendants furent donc exclus de la loi ! Comme si certains souhaitaient qu'ils n'entrent pas en bibliothèque...

Adopté à l'unanimité par le Sénat le 8 octobre 2002, le projet de loi relatif au droit de prêt vint ensuite en première lecture à l'Assemblée Nationale le 2 avril 2003 et le Parlement l'adopta le 18 juin 2003 (sous le deuxième gouvernement Jean-Pierre Raffarin du président Chirac Jacques, avec Jean-Jacques Aillagon Ministre de la Culture et de la Communication).
L'auteur perdait son droit d'autoriser ou d'interdire le prêt des exemplaires de son œuvre... contre une rémunération compensatoire qu'il partage à parts égales avec son cher éditeur... L'auteur, s'entend celui dans le système de l'édition traditionnelle.

L'exclusion des indépendants figure dans le code de la propriété intellectuelle ! Grande démocratie que la France ! Chapitre 3 du livre premier du code de la propriété intellectuelle.

19

Article L133-1

« Créé par Loi n°2003-517 du 18 juin 2003 - art. 1 Journal Officiel du 19 juin 2003, en vigueur le 1er août 2003.

Lorsqu'une œuvre a fait l'objet d'un contrat d'édition en vue de sa publication et de sa diffusion sous forme de livre, l'auteur ne peut s'opposer au prêt d'exemplaires de cette édition par une bibliothèque accueillant du public.

Ce prêt ouvre droit à rémunération au profit de l'auteur selon les modalités prévues à l'article L. 133-4. »

Petite phrase suffisante : *« Lorsqu'une œuvre a fait l'objet d'un contrat d'édition »*. Un écrivain, auteur-éditeur, ne se fait de contrat d'édition : travailleur indépendant, il assume ses charges avec ses recettes. Auteur-éditeur, une profession libérale (pour connaître ce statut juridique, lire : *"Auto-édition autopublication : faire soi-même, être auteur-éditeur"* de Jean-Luc Petit). Bientôt 10 ans que cet article existe.

Article L133-4

« Modifié par LOI n°2009-526 du 12 mai 2009 - art. 45 (V)

La rémunération au titre du prêt en bibliothèque est répartie dans les conditions suivantes :

1° Une première part est répartie à parts égales entre les auteurs et leurs éditeurs à raison du nombre d'exemplaires des livres achetés chaque année, pour leurs bibliothèques accueillant du public pour le prêt, par les personnes morales mentionnées au troisième alinéa (2°) de l'article 3 de la loi n° 81-766 du 10 août 1981 précitée, déterminé sur la base des informations que ces personnes et leurs fournisseurs communiquent à la ou aux sociétés mentionnées à l'article L. 133-2 ;

2° Une seconde part, qui ne peut excéder la moitié du total, est affectée à la prise en charge d'une fraction des cotisations dues au titre de la retraite complémentaire par les personnes visées aux troisième et quatrième alinéas de l'article L. 382-12 du code de la sécurité sociale. »

Quant à l'Article L133-2

« Créé par Loi n°2003-517 du 18 juin 2003 - art. 1 JORF 19 juin 2003 en vigueur le 1er août 2003

La rémunération prévue par l'article L. 133-1 est perçue par une ou plusieurs des sociétés de perception et de répartition des droits régies par le titre II du livre III et agréées à cet effet par le ministre chargé de la culture.

L'agrément prévu au premier alinéa est délivré en considération :

- de la diversité des associés ;
- de la qualification professionnelle des dirigeants ;
- des moyens que la société propose de mettre en œuvre pour assurer la perception et la répartition de la rémunération au titre du prêt en bibliothèque ;
- de la représentation équitable des auteurs et des éditeurs parmi ses associés et au sein de ses organes dirigeants.

Un décret en Conseil d'Etat fixe les conditions de délivrance et de retrait de cet agrément. »

Il est intéressant de rapprocher cet article avec celui de la loi 2012-287 du 1er mars 2012, organisant « une nouvelle » société de perception de droits pour les « œuvres indisponibles » du vingtième siècle. Toujours des garanties mais dans la réalité... D'ailleurs la Sofia sera peut-être candidate pour gérer ces « œuvres indisponibles »... Lire sur le sujet « *Écrivains, réveillez-vous ! - La loi 2012-287 du 1er mars 2012 et autres somnifères* » du même auteur... [précision 2013 : cette sofia fut effectivement candidate et retenue]

Quant à l'Article L133-3

« La rémunération prévue au second alinéa de l'article L. 133-1 comprend deux parts.

La première part, à la charge de l'Etat, est assise sur une contribution forfaitaire par usager inscrit dans les bibliothèques accueillant du public pour le prêt, à l'exception des bibliothèques scolaires. Un décret fixe le montant de cette contribution, qui peut être différent pour les bibliothèques des établissements d'enseignement supérieur, ainsi que les modalités de détermination du nombre d'usagers inscrits à prendre en compte pour le calcul de cette part.

La seconde part est assise sur le prix public de vente hors taxes des livres achetés, pour leurs bibliothèques accueillant du public pour le prêt, par les personnes morales mentionnées au troisième alinéa (2°) de l'article 3

de la loi n° 81-766 du 10 août 1981 relative au prix du
livre ; elle est versée par les fournisseurs qui réalisent ces
ventes. Le taux de cette rémunération est de 6 % du prix
public de vente. »

Actuellement l'État verse une rémunération forfaitaire de 1,50 € par inscrit en bibliothèque publique et 1€ par inscrit pour les bibliothèques universitaires (les usagers des bibliothèques scolaires n'entrent pas dans le calcul). La contribution de l'État est d'environ 11 millions d'euros par an.

La perception a débuté en décembre 2005. Outre les contributions de l'État, la Sofia a perçu la rémunération auprès des librairies, au taux de 3 pour cent pour la période allant du 1er août 2003 au 31 juillet 2004 (hors marchés publics en cours) et de 6 pour cent du prix public hors taxe de chaque livre vendu à une bibliothèque de prêt du 1er août 2004 au 31 décembre 2004 (tous achats confondus).
La première distribution fut réalisée avec les rémunérations perçues au titre de l'exercice 2003-2004 et mises en répartition à l'été 2007. Pour les sommes collectées au titre des années 2003-2004 et 2005, des règles de répartition temporaires furent adoptées par l'Assemblée Générale de Sofia, le 26 avril 2007, visant à favoriser la distribution la plus rapide possible des droits vers l'ensemble des auteurs et des éditeurs intéressés.

11 241 auteurs ont touché lors la première répartition, 351 entre 1000 et 10 781 euros, 2010 entre 150 et 999 euros.
La part des auteurs étrangers, qui s'élevait à 674 279 euros demeura en compte et attendait des accords avec des

sociétés d'auteurs. « *Les éditeurs qui sont en relation direct avec les auteurs étrangers peuvent également demander à Sofia de répartir ces rémunérations dès lors qu'ils sont en relation directe avec l'auteur ou son agent.* »

Le total des éditeurs bénéficiaires pour la répartition 2003-2004 fut de 1489. 16 ont reçu de 108 692 à 507 260 euros.

Il ne s'agit donc pas de sommes anodines et c'est aussi avec cet argent que les éditeurs peuvent tenir les écrivains dans leurs écuries. Les parlementaires en excluant ainsi les indépendants, ont-ils respecté le principe d'égalité entre les citoyens ? Est-ce aux parlementaires de décréter, en soutenant leur commerce, qu'un écrivain doit passer par un éditeur traditionnel ?

Ces faits, pour la première fois ainsi portés à la connaissance du grand public, feront réagir ?

Les parlementaires

Que les éditeurs traditionnels aient souhaité organiser la filière livre à leur profit, en décidant le plus possible des marges accordées aux libraires, en contrôlant la distribution et en tenant les écrivains, les nourrissant de miettes, peut se comprendre. Mais pour ces dossiers, la copie privée et le droit de prêt en bibliothèque, il fallut des lois, donc des parlementaires, députés et sénateurs, pour les voter.

Ils ignoraient ces conséquences ? Ils ignorent l'existence d'écrivains indépendants ? Ils ignorent que bien plus d'écrivains seraient indépendants sans verrouillage de l'accès aux médias, donc au grand public ? Ils ignorent qu'ils ont été élus pour voter des lois justes et non des lois favorables aux installés ?

Autre loi, récente, mais déclaration forte : le 19 janvier 2012, lors de la séance consacrée à l'étude du texte sur "l'exploitation numérique des livres indisponibles du XXe siècle", Lionel Tardy lançait à l'Assemblée : « *ce texte, que l'on sent écrit par les éditeurs, pour les éditeurs.* » Mais le député, pourtant l'un des rares élus à comprendre les enjeux de l'ebook, n'a sûrement pas jugé la nouvelle atteinte aux écrivains assez profonde pour désavouer son parti. (voir *Écrivains, réveillez-vous ! - La loi 2012-287 du 1er mars 2012 et autres somnifères* de Stéphane Ternoise)

A retenir : « *ce texte, que l'on sent écrit par les éditeurs, pour les éditeurs.* » Ce résumé aurait-il pu être prononcé au sujet du texte organisant la rémunération pour la copie privée ? Ce résumé aurait-il pu être prononcé au sujet du texte organisant la rémunération pour le prêt en bibliothèque ?

Son homologue, David Assouline, au Sénat, s'exclamait, lors des débats sur le prix unique du livre « *Il est incompréhensible que les éditeurs nous disent que, s'il y a une économie de coût, les auteurs n'ont pas à bénéficier d'une rémunération digne et équitable ! Là où le marché du livre numérique s'impose, les économies sont importantes. (...) Avec le livre numérique, l'éditeur touchera sept fois plus que l'auteur !* » (29 mars 2011)

Ces lois sont appliquées. Elles me semblent pourtant contraires au principe d'égalité des citoyens. Mais cette impression n'a aucune valeur juridique : il existe des procédures précises pour abroger une loi...

On peut naturellement remonter à l'article premier de la Déclaration de 1789 (depuis la décision du 16 juillet 1971, elle fait partie du "bloc de constitutionnalité" auquel le Conseil constitutionnel français confronte les lois qu'il a à examiner), affirmant « *les hommes naissent et demeurent libres et égaux en droit. Les distinctions sociales ne peuvent être fondées que sur l'utilité commune* ». L'article 6 dispose que « *la loi doit être la même pour tous.* » Mais le Conseil constitutionnel a estimé que « *le principe d'égalité ne s'oppose ni à ce que le législateur règle de façon différente des situations différentes ni à ce qu'il déroge à l'égalité pour des raisons d'intérêt général pourvu que, dans l'un et l'autre cas, la différence de traitement qui en résulte soit en rapport avec l'objet de la loi qui l'établit.* » (7 janvier 1988)
Les éditeurs traditionnels représentent l'intérêt général ? Surtout face aux écrivains indépendants qui prétendent vivre modestement de leur petite plume !

Une loi peut-elle être contraire à la Constitution ?

Le Conseil ne pouvant se saisir d'une loi, certains textes peuvent ne pas lui être soumis.
Toutes les lois ne sont donc pas validées par le Conseil Constitutionnel... donc si les lésés n'ont pas les moyens de se faire entendre de députés et sénateurs, c'est compliqué...

Jusqu'en 1946, aucun contrôle de la conformité des lois à la Constitution n'existait en la France. La loi, expression de la souveraineté du peuple, ne pouvait être contestée juridiquement.
(le comité constitutionnel de la IVe République relevait plus de l'apparat, tant ses pouvoirs restaient limités)

La Ve République a instauré le Conseil constitutionnel.
Contrôle nécessitant la saisine du président de la République, du Premier ministre, du président de l'Assemblée nationale ou du Sénat. Ce qui limitait sa capacité de regard.

En 1974, la saisine à la demande de 60 députés ou de 60 sénateurs devenait possible. L'opposition pouvait alors intervenir...

La révision constitutionnelle du 23 juillet 2008 accorde à tout justiciable le droit de contester, devant le juge en charge de son litige, la constitutionnalité d'une disposition législative applicable à son affaire parce qu'elle porte atteinte aux droits et libertés que la Constitution garantit.
Il s'agit alors de présenter une "question prioritaire de constitutionnalité."
C'est donc à l'occasion d'un procès devant une juridiction administrative ou judiciaire, qu'une telle procédure doit être lancée...

Quand il est saisi, le Conseil constitutionnel examine la conformité de la loi avec le bloc de constitutionnalité
(la Constitution, son préambule, celui de la Constitution de 1946, la Déclaration des droits de l'homme de 1789).

La distorsion de concurrence entre les auteurs-éditeurs et

les éditeurs classiques me semble peu justifiable. Je ne suis pas avocat. L'approche juridique d'un avocat est indispensable. Ou celle de parlementaires qui auraient une très haute estime de leur rôle devant l'histoire ? Ou un parlementaire-avocat ?

Un livre, c'est aussi une nouvelle possibilité pour rendre visible, audible, ce qui est bien caché par les installés. Tout est possible...

Un débat, au moins

Puisse au mois ce livre susciter un débat. Depuis leur promulgation, ces lois ont exclu des écrivains, sans qu'ils aient les moyens, la possibilité, de porter à la connaissance du grand public cette pratique.
Écrivain indépendant, je m'engage, également dans l'indépendance des écrivains !

Mais l'auteur, qui plus est peu médiatisé (indépendant donc peu médiatisé) ne peut espérer déplacer des montagnes, pas même changer le sens du vent qui active les girouettes.

Ce qui devait être écrit est désormais publié. Un billet de loterie sur la possibilité d'une prise de conscience...

Stéphane Ternoise... un peu plus d'informations

Né en 1968

http://www.ecrivain.pro essaye d'être complet, avec un "blog" (je préfère l'expression "une partie des chroniques"). Mais il ne peut naturellement pas copier coller l'ensemble des textes présentés ailleurs.

http://www.romancier.net

http://www.dramaturge.net

http://www.essayiste.net

http://www.lotois.fr

Les noms de ces sites me semblent explicites...
Le graphisme reste rudimentaire. Tant de choses à faire...

http://www.salondulivre.net le prix littéraire a lancé sa onzième édition. Une réussite d'indépendance. Mais peu visible...

L'ensemble des livres numériques ont vocation à devenir disponibles en papier et réciproquement. Il convient donc de parler de livre au sens fondamental du terme : le contenu, l'œuvre. En juillet 2013, le catalogue numérique de Stéphane Ternoise dépasse la barre naguère inimaginable de la centaine. Il est constitué de romans, pièces de théâtre, essais mais également de photos, qu'elles soient d'art (notion vague) ou documentaires (présentation de lieux, Cahors, Cajarc, Montcuq, Beauregard, Golfech...), publications pour lesquelles l'investissement en papier est impossible, sauf à recourir à l'impression à la demande.

Stéphane Ternoise

Les 15 premiers livres sont disponibles en papier dos carré collé « tirage de masse. »

La Révolution numérique, le roman, le combat, les photos, 2013

Théâtre pour femmes, 2010

Ils ne sont pas intervenus (le livre des conséquences), roman, 2009

Théâtre peut-être complet, théâtre, 2008

Global 2006, romans, théâtre, 2007

Chansons trop éloignées des normes industrielles et autres Ternoise-non-autorisé, 2006

Théâtre de Ternoise et autres textes déterminés, 2005

La Faute à Souchon ?, roman, 2004

Amour - État du sentiment et perspectives, essai, 2003

Vive le Sud ! (Et la chanson... Et l'Amour...), théâtre, 2002

Chansons d'avant l'an 2000, 120 textes, 1999

Liberté, j'ignorais tant de Toi, roman, 1998

Assedic Blues, Bureaucrate ou Quelques centaines de francs par mois, essai, 1997

Arthur et Autres Aventures, nouvelles, 1992

Éternelle Tendresse, poésie, 1991

Plus de livres en papier disponible sur http://www.livrepapier.com

Catalogue numérique :

Romans :

Ils ne sont pas intervenus (le livre des conséquences) également en version numérique sous le titre *Peut-être un roman autobiographique*

La Faute à Souchon ? également en version numérique sous le titre *Le roman du show-biz et de la sagesse (Même les dolmens se brisent)*

Liberté, j'ignorais tant de Toi également en version numérique sous le titre *Libertés d'avant l'an 2000)*

Viré, viré, viré, même viré du Rmi

Quand les familles sans toit sont entrées dans les maisons fermées

Ebook : trois romans pour le prix d'un livre de poche

Théâtre :

Théâtre peut-être complet

La baguette magique et les philosophes

Quatre ou cinq femmes attendent la star

Avant les élections présidentielles

Les secrets de maître Pierre, notaire de campagne

Deux sœurs et un contrôle fiscal

Ça magouille aux assurances

Pourquoi est-il venu ?

Amour, sud et chansons

Blaise Pascal serait webmaster

Aventures d'écrivains régionaux

Trois femmes et un amour

La fille aux 200 doudous et autres pièces de théâtre pour enfants

Révélations sur les rencontres d'Astaffort...

Théâtre 7 femmes 7 comédiennes - Deux pièces contemporaines

Théâtre pour femmes

Pièces de théâtre pour 8 femmes

En chti :
Canchons et cafougnettes (Ternoise chti)
Elle tiote aux deux chints doudous (théâtre)

Politique :
Ce François Hollande qui peut encore gagner le 6 mai
2012 ne le mérite pas (Un Parti Socialiste non réformé au
pays du quinquennat déplorable de Nicolas Sarkozy)
Nicolas Sarkozy : sketchs et Parodies de chansons
Bernadette et Jacques Chirac vus du Lot - Chansons théâtre
textes lotois
Affaire Ségolène Royal - Olivier Falorni Ce qu'il faut en
retenir pour l'Histoire - Un écrivain engagé, un
observateur indépendant

Autres :
La disparition du père Noël et autres contes
J'écris aussi des sketchs
Vive les poules municipales... et les poulets municipaux -
Réduire le volume des déchets alimentaires et manger des
œufs de qualité

Œuvres traduites :

La fille aux 200 doudous :
The Teddy (Bear) Whisperer
Das Mädchen mit den 200 Schmusetieren

Le lion l'autruche et le renard :
The Lion, the Ostrich and the Fox

Mertilou prépare l'été
The Blackbird's Secret

Site officiel : http://www.ecrivain.pro

Dépôt légal à la publication au format ebook du 26 août 2012.

Imprimé par CreateSpace, An Amazon.com Company pour le compte de l'auteur-éditeur indépendant. **livrepapier.com**

ISBN 978-2-36541-457-9
EAN 9782365414579